GUIDE
DU RÉCLAMANT

EN MATIÈRE

DE CONTRIBUTIONS DIRECTES

Des demandes en dégrèvement. — Des causes de dégrèvement

Délais dans lesquels les réclamations doivent être présentées

Formule de réclamation

PARIS

BERGER-LEVRAULT ET Cie, ÉDITEURS

5, rue des Beaux-Arts, 5

MÊME MAISON A NANCY

1878

GUIDE
DU RÉCLAMANT

EN MATIÈRE

DE CONTRIBUTIONS DIRECTES

Des demandes en dégrèvement. — Des causes de dégrèvement

Délais dans lesquels les réclamations doivent être présentées

Formule de réclamation

PARIS

BERGER-LEVRAULT ET Cie, ÉDITEURS

5, rue des Beaux-Arts, 5

MÊME MAISON A NANCY

1878

GUIDE

DU RÉCLAMANT

DE CONTRIBUTIONS DIRECTES

DES DEMANDES EN DÉGRÈVEMENT

Les demandes en dégrèvement se divisent en deux catégories : celles en *décharge* ou *réduction*, et celles en *remise* ou *modération*.

Il y a entre la décharge et la réduction la même différence qu'entre la remise et la modération. Décharge et remise signifient un dégrèvement total, réduction et modération un dégrèvement partiel.

Les demandes en décharge ou en réduction sont fondées sur un *droit*, tandis que celles en remise ou modération s'appuient sur un *simple intérêt*.

Celui qui réclame la décharge ou la réduction soutient qu'il avait droit ou de n'être pas imposé, ou de l'être à une somme inférieure. Celui, au contraire, qui réclame la remise ou la modération, ne conteste ni l'existence ni la quotité de son obligation ; mais s'appuyant sur des considérations d'humanité, sur la perte totale ou partielle de ses revenus ou de ses facultés, il s'adresse à la bienveillance de l'administration pour obtenir un dégrèvement total ou partiel.

La décharge et la réduction sont de justice rigoureuse ; quand elles sont dues, elles ne peuvent être refusées. La remise et la modération tiennent plus à la bienveillance qu'à la justice, et la quotité de l'allégement peut être subordonnée à la latitude du fonds destiné à y pourvoir.

DES CAUSES DE DÉGRÈVEMENT

§ 1er. — Décharges et réductions.

Contribution foncière. — Tout propriétaire imposé dans une commune pour un bien situé dans une autre, a droit à décharge dans la commune où il a été mal à propos imposé.

Tout contribuable dont les propriétés *bâties* (maison, usine, etc.) se trouvent imposées au-dessus de la proportion générale dans laquelle sont taxées les autres propriétés de la commune, a droit à une réduction.

Tout propriétaire est également admis à se pourvoir en décharge ou réduction : 1º pour ses propriétés bâties, dans le cas de destruction totale ou partielle ; 2º pour ses mêmes propriétés bâties lorsqu'elles ont été démolies *avant le 1er janvier* de l'année pour laquelle il réclame ; 3º pour ses propriétés non bâties lorsque, par un événement extraordinaire, lesdites propriétés viennent à disparaître ou que sa réclamation ne porte que sur des causes postérieures et étrangères au classement.

Lorsqu'une propriété a été cotisée sous un autre nom que celui du propriétaire, le véritable propriétaire, ou celui sous le nom duquel la propriété a été mal à propos cotisée, peut demander la *mutation de cote*. Dans ce dernier cas, la demande en mutation de cote est une véritable demande en décharge.

Contribution personnelle et mobilière. — En matière de contribution personnelle-mobilière, il y a lieu à décharge lorsque le contribuable est imposé dans une commune où il n'a pas de domicile, ni d'habitation meublée, ou lorsqu'il se trouve dans le cas de revendiquer le bénéfice d'une des exemptions accordées par la loi. La réduction est de droit si le contribuable est surtaxé, c'est-à-dire si l'évaluation du loyer servant de base à sa cote mobilière est trop élevée comparativement à l'évaluation d'après laquelle sont imposés les autres contribuables de la commune.

Contribution des portes et fenêtres. — Pour la contribution des portes et fenêtres, la décharge est due quand un contribuable est taxé à raison d'ouvertures dont l'impôt ne lui est pas applicable ou qui rentrent dans les cas d'exemption. Il y a lieu seulement à réduction s'il a été attribué au contribuable un nombre d'ouvertures plus considérable qu'il n'en existe en réalité, ou s'il y a erreur sur la nature des ouvertures, comme si, par exemple, une porte ordinaire a été cotisée comme une porte cochère.

Il peut également être fait des demandes en décharge ou réduction pour cause de démolition totale ou partielle antérieure au 1er janvier, et des demandes en mutation de cote, dans les mêmes cas que pour la contribution foncière.

Contribution des patentes. — Les demandes en décharge ou réduction peuvent être fondées sur un faux emploi, lorsque le contribuable n'exerce pas la profession qui lui est attribuée ou, du moins, a cessé de l'exercer ; sur un double emploi, si le droit fixe ou le droit proportionnel sont exigés plusieurs fois, soit dans la même commune, soit dans des localités différentes. Elles peuvent consister à soutenir que la profession exercée n'a pas été qualifiée exactement, ou qu'il y a erreur dans l'appréciation des divers éléments qui servent de base au droit proportionnel, tels que les éléments de production, la valeur locative, etc.

En cas de *cession* d'établissement, la patente peut être, sur la demande du cédant, transférée à son successeur.

En cas de *fermeture* de magasins, boutiques ou ateliers, par suite de décès ou de faillite *déclarée*, les droits ne sont dus que pour le passé et le mois courant. Sur la réclamation des parties intéressées, il est accordé décharge du surplus de la taxe.

§ 2. — Remises et modérations.

Contribution foncière. — Il y a lieu à remise ou modération lorsqu'un contribuable, d'ailleurs justement taxé dans le principe, éprouve des pertes de revenu par l'effet d'événements extraordinaires tels qu'incendie, grêle, gelée, inondation et autres intempéries, et même en cas de perte de bestiaux, lorsqu'elle provient d'une épizootie générale qui a affecté le produit des pâturages consommés sur le sol.

Les démolitions en cours d'exercice, le chômage des usines et la vacance des maisons consacrées à l'habitation pendant une durée de trois mois au moins, peuvent aussi servir de base à des demandes en remise ou modération de contribution foncière.

Contribution des portes et fenêtres. — Les démolitions, le chômage des usines et la vacance des maisons, lorsqu'ils se produisent dans les mêmes conditions que pour la contribution foncière, peuvent donner lieu à des remises ou modérations de la contribution des portes et fenêtres.

Contribution personnelle-mobilière et des patentes. — Pour ces deux contributions, les demandes en remise ou modération ont pour base des événements extraordinaires, des pertes éprouvées dans le commerce, ou tout autre motif qui a eu pour effet de jeter un contribuable dans une position précaire et de le mettre dans l'impossibilité d'acquitter tout ou partie de ses contributions.

DÉLAIS DANS LESQUELS LES RÉCLAMATIONS DOIVENT ÊTRE PRÉSENTÉES

§ 1ᵉʳ. — Demandes en décharge ou réduction.

Les demandes en décharge ou réduction et en mutation de cote doivent être présentées dans les trois mois de la *publication des rôles*, soit primitifs, soit supplémentaires.

Lorsque, par suite de *changement de résidence*, un contribuable se trouve imposé par double emploi, le délai pour réclamer ne court qu'à partir du jour où le contribuable a eu *officiellement* connaissance de sa double cotisation.

Mais la simple absence au moment de la publication des rôles, une maladie grave, ou toute autre cause d'empêchement, ne donneraient aucun droit à la prolongation du délai. On refuse même cette prolongation d'une manière absolue, en matière de contribution foncière, parce que le possesseur d'une maison ou d'une terre dans la commune fait toujours supposer que le contribuable réclamant y est représenté.

Le délai de trois mois est aussi celui qui est applicable aux demandes en *transfert de patentes* : elles doivent être présentées dans les trois mois qui suivent la *cession* de l'établissement.

Il en est de même des demandes en dégrèvement de patente par suite de *décès* ou de *faillite*, qui doivent être formées dans les trois mois à partir du décès ou de la date du jugement déclarant l'ouverture de la faillite.

Le délai est de trois mois francs, c'est-à-dire que le jour de la publication du rôle et celui de l'échéance n'y sont pas compris. Ainsi, par exemple, une demande peut être valablement *présentée* le 3 juin, dans le cas d'un rôle publié le 2 mars. Nous disons *présentée*, car il est bien évident que ce n'est pas la date donnée par le contribuable à sa demande, mais la date de l'*arrivée*, alors même qu'elle n'aurait été enregistrée que postérieurement, qui doit être recherchée pour l'application de la déchéance.

§ 2. — Demandes en remise ou modération.

Les demandes en dégrèvement pour cause de démolition totale ou partielle de bâtiments survenue *en cours d'exercice* doivent être présentées dans les quinze jours qui suivent la destruction ou la démolition.

Les demandes en remise ou modération pour pertes résultant d'événements extraordinaires doivent être présentées dans les quinze jours qui suivent l'événement.

Les demandes en remise ou modération pour chômage de manufactures et usines et pour inhabitation de maisons doivent être présentées dans les quinze jours qui suivent l'année ou le dernier trimestre de chômage ou d'inhabitation.

FORME DES RÉCLAMATIONS

Les réclamations doivent être adressées au préfet lorsqu'elles ont pour objet des contributions imposées dans les communes de l'arrondissement du chef-lieu, et au sous-préfet lorsqu'elles concernent les contributions imposées dans des communes des autres arrondissements.

Il doit être présenté une pétition particulière pour chacune des contributions sur lesquelles portent les réclamations.

Les réclamations doivent être individuelles.

Nul n'est admis à réclamer pour autrui, s'il ne justifie qu'il a qualité pour le faire. Une simple lettre suffit pour établir la qualité.

Toute demande en décharge ou réduction doit être accompagnée :

1° De la quittance des termes échus; 2° de l'avertissement ou d'un extrait de rôle que les percepteurs délivrent moyennant 25 centimes.

Les réclamations en décharge ou réduction

doivent être rédigées sur papier timbré de 60 centimes, sauf le cas où elles ont pour objet une cote *moindre de* 30 *francs*. On entend par *cote*, non le montant total de l'article au rôle, mais seulement le montant de la contribution sur laquelle porte la réclamation.

Les demandes en remise ou modération peuvent être rédigées sur papier libre, sauf toutefois celles qui s'appliquent aux vacances de maisons et usines, et il n'y a pas lieu d'y joindre la quittance des termes échus.

NOTA. — Les lettres d'avis adressées par le directeur des contributions directes aux contribuables en réclamation, rappellent si clairement la procédure à suivre par le réclamant qu'il n'est pas nécessaire d'entrer dans les détails. Nous ne pouvons que recommander de lire attentivement toutes les communications que l'on reçoit de l'administration, ainsi que les renseignements très-importants qui se trouvent imprimés tant au recto qu'au verso des avertissements.

FORMULE DE RÉCLAMATION

Contribution (¹)

(¹) Indiquer la nature de la contribution qui fait l'objet de la réclamation.

Demande en (²)

(²) Indiquer la nature de la demande : décharge ou réduction, remise ou modération.

Commune d   , *le*   187 .

(Indiquer le nom de la commune dans laquelle la contribution est imposée.)

MONSIEUR LE PRÉFET (OU SOUS-PRÉFET),

Le soussigné (indiquer ici ses noms, prénoms, profession et demeure au moment de la réclamation)

a l'honneur de vous exposer les faits suivants :

(Exposer d'une manière détaillée tous les motifs que l'on a à faire valoir à l'appui de sa réclamation, et bien préciser ce que l'on désire obtenir ; car c'est un axiome de droit qu'*on ne peut accorder à un réclamant plus qu'il n'a demandé.*)

En conséquence, il demande telle (décharge ou réduction, remise ou modération) que de droit.

Il est avec respect,

Monsieur le Préfet (ou Sous-Préfet),

Votre très-humble et très-obéissant serviteur,

(Signature.)

Ci-joint :

1º Quittance des termes échus ;
2º Avertissement *ou* extrait de rôle.